Le voyage de grand-père

À Richard, Francine et Davis

Traduit de l'américain par Isabelle Reinharez

© 1995, l'école des loisirs, Paris, pour l'édition en langue française
© 1993, Allen Say
Titre original : « Grandfather's Journey » (Houghton Mifflin Company, Boston)
Loi numéro 49 956 du 16 juillet 1949 sur les publications
destinées à la jeunesse : septembre 1995
Dépôt légal : septembre 1995
Imprimé en France par Aubin Imprimeur à Poitiers

Allen Say

Le voyage de grand-père

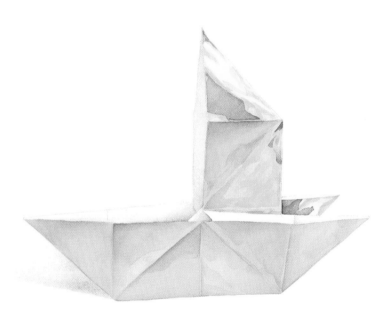

l'école des loisirs
11, rue de Sèvres, Paris 6ᵉ

Mon grand-père était un jeune homme quand il quitta le Japon
pour aller découvrir le monde.

Vêtu pour la première fois d'un costume européen, il commença
son voyage sur un bateau à vapeur. L'océan Pacifique l'éblouit.

Durant trois semaines, il ne vit pas la terre.
Quand elle apparut enfin, c'était le Nouveau Monde.

Il explora l'Amérique du Nord en train et en bateau,
et marcha souvent des journées entières.

Les déserts aux rochers semblables à d'énormes sculptures
le laissèrent ébahi.

L'immensité des champs cultivés lui rappela l'océan
qu'il avait traversé.

Les villes gigantesques avec leurs usines et leurs grands immeubles
le déroutèrent mais l'impressionnèrent aussi.

Il s'émerveilla devant les montagnes majestueuses
et les rivières aussi claires que le ciel.

Il rencontra beaucoup de gens sur sa route.
Il serra la main à des hommes à la peau noire, à la peau blanche,
à des hommes à la peau jaune et à la peau rouge.

Plus il voyageait, plus il avait envie de voir de nouveaux horizons,
et jamais il ne pensait à rentrer chez lui.

De tous les endroits qu'il visita, c'est la Californie qu'il préféra.
Il aimait l'ardeur de son soleil, les sierras, la côte sauvage.

Quelque temps plus tard, il revint au Japon, dans son village,
pour épouser son amie d'enfance.
Puis il emmena sa jeune femme dans son nouveau pays.

Ils élurent domicile au bord de la baie de San Francisco
et eurent une petite fille.

Au fur et à mesure que grandissait sa fille, mon grand-père
se mit à penser à sa propre enfance. Et à ses vieux amis.

Il se rappelait les montagnes et les rivières de chez lui.
Il s'entoura d'oiseaux chanteurs, mais ne réussit pas à oublier.

Finalement, quand sa fille eut presque atteint l'âge adulte, il n'y tint plus.
Avec sa famille, il repartit pour son pays natal.

Il revit les montagnes et les rivières de son enfance.
Elles étaient exactement comme dans son souvenir.

De nouveau, il échangea des histoires et rit avec ses vieux amis.

Mais le village ne convenait pas à une fille élevée à San Francisco.
Alors mon grand-père acheta une maison dans une grande ville voisine.

Là, la jeune femme tomba amoureuse, se maria,
et quelque temps plus tard, je vis le jour.

Quand j'étais petit, mes dimanches préférés, c'était lorsque j'allais
chez mon grand-père. Il me racontait des tas d'histoires sur la Californie.

Il élevait des fauvettes et des mésanges, mais il ne parvenait pas à oublier les montagnes et les rivières de Californie. Alors il projeta de partir.

Mais une guerre éclata. Des bombes qui tombaient du ciel
éparpillèrent nos vies telles des feuilles malmenées par l'orage.

Quand la guerre prit fin, il ne restait rien de la ville et de la maison
où avaient vécu mes grands-parents.

Ils retournèrent donc dans le village où ils avaient été enfants.
Mais mon grand-père n'éleva plus un seul oiseau chanteur.

La dernière fois que je le vis, mon grand-père me confia
qu'il avait très envie de revoir la Californie. Il ne la revit jamais.

Et quand j'eus presque atteint l'âge adulte, je partis de chez moi
et allai voir la Californie de mes propres yeux.

Au bout d'un moment, j'en vins à aimer le pays
que mon grand-père avait aimé et j'y restai,
j'y restai jusqu'à ce qu'à mon tour j'y aie une fille.

Mais les montagnes et les rivières de mon enfance
me manquent. Mes vieux amis me manquent.
Alors, de temps à autre, je repars, quand je ne peux plus
apaiser la nostalgie qui est dans mon cœur.

Le plus drôle, c'est que dès que je suis dans un pays,
je m'ennuie de l'autre.

Je pense bien connaître mon grand-père à présent.
Il me manque beaucoup.